AF363565

NOTICE

SUR

LA LÉGISLATION

RELATIVE

AUX DESSINS DE FABRIQUE.

SESSION

DES CONSEILS GÉNÉRAUX DE L'AGRICULTURE,
DES MANUFACTURES ET DU COMMERCE.

1841-1842.

PARIS.

IMPRIMERIE ROYALE.

DÉCEMBRE 1841.

NOTICE

SUR

LA LÉGISLATION

RELATIVE

AUX DESSINS DE FABRIQUE.

EXPOSÉ.

Les lettres patentes du 1er octobre 1737, et l'arrêt du Conseil du 19 juin 1744, portant statuts et règlements pour la communauté des maîtres marchands et maîtres ouvriers à façon, en étoffes d'or, d'argent et de soie, etc., de la ville de Lyon, et pour la fabrique desdites étoffes dans les provinces de Lyonnais, Forest et Beaujolais, « faisaient expresses défenses à toutes personnes de lever et copier, « faire lever ou copier directement ni indirectement, et en quelque « façon que ce puisse être, aucun dessin sur des étoffes tant vieilles « que neuves, etc., » à peine de 1,000 livres d'amende contre le dessinateur, et 1,000 livres contre celui qui les aurait fait lever ou copier, sans préjudice de la confiscation des étoffes fabriquées.

Un arrêt du Conseil du 14 juillet 1787, en étendant ces défenses à toutes les fabriques d'étoffes de soierie et de dorure du royaume, avait réglé, avec une grande précision, le droit des fabricants sur la propriété des dessins qu'ils avaient fait établir. Le préambule de cet acte est un exposé remarquable des principes qui réglaient cette matière, le voici textuellement :

« Le Roi s'étant fait représenter, en son Conseil, les requêtes et « mémoires des corps et communautés des fabricants de Tours et de « Lyon, sur les atteintes portées à leurs propriétés et à l'intérêt gé- « néral des manufactures, par la copie et contrefaction des dessins, « Sa Majesté aurait reconnu que la supériorité qu'ont acquise les « manufactures de soieries de son royaume est principalement due « à l'invention, la correction et le bon goût des dessins ; que l'émula- « tion, qui anime les fabricants et les desssinateurs, s'anéantirait s'ils « n'étaient assurés de recueillir les fruits de leurs travaux ; que cette « certitude, d'accord avec les droits de la propriété, a maintenu « jusqu'à présent ce genre de fabrication, et lui a mérité la préfé- « rence dans les pays étrangers : elle aurait, en conséquence, jugé « nécessaire, pour lui conserver tous ses avantages, d'étendre aux « autres manufactures de soieries de son royaume les règlements « faits en 1737 et 1744, pour celle de Lyon, sur la copie et contre- « faction des dessins, et en donnant aux véritables inventeurs la « faculté de constater à l'avenir, d'une manière sûre et invariable, « leur propriété, et exciter de plus en plus les talents par une jouis- « sance exclusive proportionnée, dans sa durée, aux frais et mérite « de l'invention. A quoi voulant pourvoir, etc. »

L'arrêt du 14 juillet 1787, qui suit ce préambule, attribuait aux fabricants la propriété exclusive des dessins qu'ils auraient fait composer, et fixait la durée de ce privilége à quinze années pour les étoffes et ornements d'église, et à six années pour les étoffes brochées et façonnées, servant à l'habillement. La jouissance de ce privilége était subordonnée, à peine de toute déchéance, à l'obligation préalable de déposer, au bureau de la communauté, ou l'esquisse originale ou un échantillon du dessin. Il défendait de faire lever ou copier aucun dessin sur des étoffes tant vieilles que neuves, etc. Les contraventions étaient punies de 1,000 livres d'amende contre le dessinateur, et de 1,000 livres contre celui qui l'aurait fait agir, indépendamment de la confiscation des étoffes au profit de la communauté et du fabricant lésé. Les poursuites étaient faites devant les juges de la police des arts et métiers. Le même arrêt défendait de reproduire, en étoffes, un dessin *exécuté en papier ou au-*

trement, mais seulement dans le cas où ledit dessin n'aurait pas déjà été exécuté sur étoffes.

La loi du 17 mars 1791, portant suppression des maîtrises et jurandes, et établissement de patentes, a fait tomber ces règlements avec les communautés des fabriques de soieries, dont ils formaient le statut.

La loi du 19 juillet 1793 qui, la première, vint régler les droits de la propriété littéraire, assura les droits des auteurs d'écrits, compositeurs de musique, peintres et dessinateurs qui feraient graver des tableaux ou dessins, à la condition de déposer à la Bibliothèque nationale deux exemplaires des ouvrages de littérature et de gravure, et, de l'an VI à l'an XII de l'ère républicaine, plusieurs fabricants de papier pour tenture se crurent dans l'obligation de déposer au Cabinet des estampes des échantillons de dessins, plusieurs fois même les autorités judiciaires, saisies de plaintes en contrefaçon, demandèrent des renseignements à ce sujet; mais, vers l'an XII, ces dépôts cessèrent entièrement, et ce fait s'explique par la promulgation de la loi du 18 mars 1806 portant établissement du Conseil des prud'hommes de Lyon, et qui renferme plusieurs dispositions relatives à la conservation de la propriété des dessins.

L'article 15 de cette loi porte que tout fabricant qui voudra pouvoir revendiquer par la suite la propriété d'un dessin de son invention, sera tenu d'en déposer aux archives du Conseil des prud'hommes un échantillon, etc... En déposant son échantillon, le fabricant déclare s'il entend se réserver la propriété exclusive pendant *une, trois, cinq années, ou à perpétuité;* il acquitte, en même temps, une indemnité qui est réglée par le Conseil de prud'hommes, mais qui ne peut excéder un franc pour chacune des années du privilége, et qui est de dix francs pour la propriété perpétuelle.

Les décrets postérieurs, qui ont constitué des Conseils de prud'hommes dans soixante-trois autres villes, ont étendu aux fabriques de ces villes les dispositions de la loi du 18 mars 1806, et ont ainsi donné à cette loi, en matière de dessins de fabrique, un caractère de généralité qui permet d'en considérer les dispositions comme applicables à toute la France

Depuis cette époque, un seul acte est intervenu; c'est l'ordonnance royale du 17 août 1825, qui, sur la réclamation des manufacturiers dont les fabriques sont situées hors du ressort d'un Conseil de prud'hommes, a décidé que le dépôt des dessins de leur invention serait reçu au greffe du tribunal de commerce; ou, à défaut, à celui du tribunal de première instance.

Ces deux actes (la loi du 18 mars 1806 et l'ordonnance royale du 17 août 1825) forment donc toute la législation relative à la propriété des dessins de fabrique : nous allons en examiner successivement les dispositions, en rappelant les décisions des tribunaux qui ont été rendues sur les contestations auxquelles leur exécution a donné lieu.

DES DESSINS.

On a vu que les règlements antérieurs à 1789 s'occupaient spécialement des *dessins d'étoffes de soieries et de dorures* des fabriques de Lyon, Tours, etc. La loi de 1806, loi particulière à la ville de Lyon, devait naturellement ne disposer que pour cette ville, et, en effet, elle ne parle que des dessins de cette fabrique et énonce en termes généraux que le Conseil de prud'hommes est chargé des mesures conservatrices de la propriété des dessins. Les décrets postérieurs ont réglé, selon les lieux, la composition des Conseils établis ultérieurement; mais, conformément aux dispositions de l'article 35 de ladite loi, les attributions de ces Conseils sont restées les mêmes que celles du Conseil de Lyon.

Il faut bien le reconnaître, le mot *dessin*, qui convient aux fabriques de soieries, de châles, de tissus façonnés, de papiers de tenture et d'impressions de toute espèce, ne semble pas s'appliquer aussi exactement aux modèles de fabriques d'ébénisterie, de bronzes, d'horlogerie, etc. Mais on ne doit pas perdre de vue que l'article 425 du Code pénal *déclare contrefaçon toute édition d'écrits, de composition musicale, de dessin, de peinture ou de toute autre production imprimée ou gravée, en entier ou en partie, au mépris des lois et règlements relatifs à la propriété des auteurs......*, et suivant un jugement du tribunal de la Seine, confirmé par arrêt de la cour royale du 19 février 1835, le mot *dessin* est employé, dans cet article, dans le sens le plus général, et l'on ne peut, y est-il dit, établir aucune distinction entre les dessins sur étoffes et toute autre espèce de dessins, *une telle distinction, contraire à la lettre de la loi, n'étant pas moins opposée à l'intention du législateur, qui a voulu, dans la rédaction de l'article 425, réprimer toute atteinte portée aux droits de propriété que les lois et règlements garantissent aux auteurs.* Le même jugement ajoute que : *si les procédés au moyen desquels on applique un dessin sur une étoffe ou sur une toile sont purement mécaniques, le dessin lui-même est une production qui appartient aux beaux-arts; que le commerçant qui a fait exécuter ce dessin se trouve subrogé aux droits de l'artiste qui en est l'auteur, et qu'à ce titre il pourrait invoquer les dispositions de la loi du 19 juillet 1793, si sa propriété n'avait été de nouveau reconnue et consacrée par la loi du 18 mars 1806.*

Ainsi, dans l'intention du législateur, consacrée par la jurisprudence, il n'y aurait aucune distinction à établir pour le droit de propriété entre les dessins servant à l'exécution des divers produits industriels; le dessin d'un objet de moulage, celui d'un bronze, d'un meuble, d'un ornement, seraient garantis aussi bien que les dessins de papiers de tenture, de soierie et de toutes autres étoffes façonnées, quelle qu'en fût la matière. C'est là, en effet, ce que commande l'équité; mais la loi de 1806, spéciale à la ville de Lyon, n'est peut-être pas suffisamment explicite à cet égard. C'est un point qui se recommande naturellement à toute l'attention des Conseils.

DU DÉPÔT DES ÉCHANTILLONS ET DESSINS.

L'article 75 de la loi du 18 mars 1806 porte « que tout fabricant « qui voudra pouvoir revendiquer la propriété d'un dessin de son invention, sera tenu d'en déposer un échantillon aux archives du « Conseil de prud'hommes. »

L'article 16 ajoute que « les dépôts de dessins seront inscrits sur « un registre tenu *ad hoc* par le Conseil de prud'hommes, lequel délivrera aux fabricants un certificat rappelant le numéro d'ordre du « paquet déposé, et constatant la date du dépôt. »

L'ordonnance royale du 17 août 1825 dispose, en outre, que, « pour les fabriques situées hors du ressort des Conseils de prud'hommes, le dépôt des échantillons et dessins doit être fait au « greffe du tribunal de commerce, ou, à défaut, au greffe du tribunal « de première instance, dans les arrondissements où les tribunaux « civils exercent la juridiction des tribunaux de commerce. »

Les arrêts de 1737 et de 1744 n'exigeaient pas la formalité du dépôt. L'arrêt du 14 juillet 1787 est le premier acte qui ait introduit cette obligation. Il voulait que le fabricant qui aurait inventé un dessin, et qui désirerait s'en assurer la propriété, en présentât l'esquisse originale ou un échantillon au bureau de sa communauté. Ce dépôt était inscrit sur un registre tenu à cet effet, et un procès-verbal indiquait les nom, raison et demeure du maître et du marchand fabricant. Le numéro du procès-verbal, le cachet de la communauté et celui du propriétaire étaient apposés sur l'esquisse du dessin ou sur l'échantillon, *lequel restait entre les mains du propriétaire.* Faute par les fabricants d'avoir rempli cette formalité, avant la mise en vente des étoffes fabriquées suivant de nouveaux dessins, *ils étaient déchus de toute réclamation.*

Il résulte de ces dispositions, comme de celles de la loi du 18 mars 1806, qui y ont été substituées, qu'en matière de dessins, de même qu'en matière de marques, le dépôt ne fait pas acquérir la propriété; qu'il est nécessaire seulement pour en exercer la revendication. C'est ce qui a été jugé par un arrêt de la Cour de cassation, du 28 mai 1822, pour les marques de fabrique, et, pour les dessins, par un arrêt de la Cour royale de Paris, du 29 décembre 1835. La propriété d'un dessin, en effet, réside dans l'invention même, et le dépôt d'une esquisse ou d'un échantillon ne peut avoir d'autre objet que d'ouvrir à l'inventeur une action devant les tribunaux, ponr réclamer sa propriété préexistante.

D'après ce principe, le dépôt fait par un manufacturier, d'un dessin dont il se dirait l'inventeur, ne constitue, en sa faveur, un droit de propriété, qu'autant qu'il ne serait pas établi qu'antérieurement à son dépôt ledit dessin aurait été dans le commerce; « attendu, » dit un arrêt de la Cour de cassation, du 31 mai 1827, « qu'en autorisant « un dépôt au Conseil de prud'hommes, la loi n'a fait qu'ouvrir au « déposant une voie pour pouvoir revendiquer, par la suite, la pro- « priété des dessins de son invention, sans rien déterminer sur cette « propriété. »

Quelques doutes s'étaient élevés sur le lieu de dépôt qui devait être assigné aux papiers de tenture. On voulait considérer ces dessins comme une œuvre d'art rentrant dans les dispositions de la loi du 19 juillet 1793, qui prescrivent le dépôt à la Bibliothèque nationale. Le comité de l'intérieur et du commerce du Conseil d'État, consulté à ce sujet, émit l'avis suivant :

« Considérant que la législation sur la propriété des dessins est tout « entière dans la loi du 19 juillet 1793, et dans le décret d'institution « du Conseil de prud'hommes de Lyon, du 18 mars 1806;

« Que la loi précitée étant évidemment relative aux seuls ouvrages
« qui font partie du domaine des beaux-arts, elle ne peut être appli-
« cable aux dessins destinés à être imprimés sur des papiers pour
« tenture, puisque, malgré les progrès considérables qu'a faits cette
« fabrication, et quoiqu'elle imite les tableaux et les gravures, les
« procédés qu'elle emploie sont purement mécaniques et susceptibles
« d'une facile imitation par des personnes qui ne seraient pas habitués
« à la pratique des arts du dessin; qu'ainsi il n'y a pas lieu de déposer
« à la Bibliothèque du Roi les dessins destinés aux papiers à tenture;
« Que dès lors, s'il y a utilité de donner aux propriétaires de tels
« dessins le moyen légal d'en conserver la propriété, en leur indi-
« quant un lieu de dépôt, on ne peut appuyer ce privilége que sur
« le décret d'organisation des prud'hommes de Lyon, qui, dans sa
« section III, règle tout ce qui concerne la conservation de la pro-
« priété des dessins.
« Que, quoique le décret précité paraisse avoir particulièrement
« en vue les dessins destinés à être exécutés en étoffe de soie, il y a
« une analogie assez frappante entre ce genre de dessins et ceux qui
« sont destinés à être imprimés sur papier, pour les placer sous la
« même règle,
« SONT D'AVIS :
« Que le lieu de dépôt pour les dessins destinés aux papiers de
« tenture doit être le bureau du Conseil des prud'hommes. »

La doctrine émise dans cet avis a été, comme on l'a vu, consacrée
par un arrêt de la Cour de cassation, du 19 février 1835, qui a jugé
que la généralité des termes de l'article 425 du Code pénal, embrasse
les dessins de fabrique comme les autres, et que la propriété de ces
dessins est également reconnue et consacrée par la loi du 18 mars
1806.

Ainsi, dans l'esprit des lois qui régissent la propriété des dessins
de fabrique, et par analogie avec ce qui se pratique en conformité
de l'article 18 de la loi du 22 germinal an XI, pour les marques,
la formalité du dépôt préalable prescrite explicitement pour les
dessins sur étoffes, par la loi du 18 mars 1806, doit être considéré
comme applicable aux dessins de toute espèce de produits industriels.

On a demandé quelquefois si un étranger pouvait être admis à
déposer un dessin, et à acquérir, par ce dépôt, les droits que la

loi française attache à l'accomplissement de cette formalité. La réponse ne pouvait pas être douteuse. L'étranger qui a établi en France son domicile y exerce les droits civils dont jouit le national (Code civil, articles 11 et 13). Il peut donc, en remplissant les formalités du dépôt, s'assurer le droit de revendiquer la propriété d'un dessin. C'est ce qui a été jugé par un arrêt de la Cour royale de Paris, du 26 novembre 1828, sur une contestation relative à l'a propriété d'un ouvrage étranger, dans lequel on lit ce qui suit :
« Considérant que de l'économie des lois sur la contrefaçon d'œuvres
« musicales, il résulte que tout auteur ou éditeur *qui met au jour,*
« c'est-à-dire *qui publie pour la première fois,* en France, un ouvrage,
« en accomplissant les formalités du dépôt, assure à lui et à ses
« ayants cause la propriété exclusive dudit ouvrage, etc. »

DURÉE DE LA PROPRIÉTÉ DES DESSINS.

L'arrêt du 14 juillet 1787 disposait que « les fabricants qui au-
« raient composé ou fait composer de nouveaux dessins auraient
« seuls, exclusivement à tous autres, le droit de les faire exécuter, »
et fixait la durée de ce privilége *à quinze années pour les étoffes desti-*
nées aux ameublements et ornements d'église, et à six années pour les
étoffes brochées et façonnées servant à l'habillement, etc.

La loi du 18 mars 1806 permet au fabricant de se réserver la propriété exclusive de ses dessins pendant *une, trois ou cinq années, ou à perpétuité.* C'est le dernier état de la législation,

La question de la durée du privilége des auteurs, en matière de dessins de fabrique, est la plus grave peut-être qui se présente à résoudre.

Le décret du 19 juillet 1793 attribue à la propriété littéraire la durée de la vie de l'auteur et dix années après sa mort. Les lois des 7 janvier et 25 mai 1791, sur les brevets d'invention, accordent aux inventeurs un privilége de cinq, dix ou quinze années, à leur choix. Or on ne peut méconnaître que le droit des auteurs à un privilége perpétuel, si la perpétuité pouvait être admise en principe, ne se justifie mieux en général, soit à l'égard d'un ouvrage de littérature ou de musique, d'une œuvre de peinture, de gravure ou de dessin, soit à l'égard d'une découverte industrielle, que pour la forme d'un meuble, la composition d'un ouvrage en bronze, le dessin d'un papier de tenture, d'une étoffe plus ou moins riche, la disposition d'une toile ou d'une indienne : dessins, formes ou dispositions auxquels le caprice de la mode n'assigne généralement qu'une existence éphémère, et qui souvent, surtout pour les tissus, passent avec la saison qui les a vus naître.

Quelle est donc la durée qu'il convient équitablement d'attribuer à la propriété des dessins de fabrique? Cette durée doit-elle être indistinctement la même pour tous les produits industriels, ou convient-il d'accorder une durée différente d'abord, conformément à la demande même des inventeurs, et ensuite selon la nature des produits? Par exemple, les modèles nécessaires pour les ouvrages d'or, d'argent, de bronze, etc., peuvent entraîner une dépense considérable, et leur collection forme même souvent une partie importante du capital d'une fabrique. La confection d'un tapis, lorsqu'il dépasse une certaine dimension ou une certaine valeur, exige également des dessins et des peintures dont l'exécution est longue et peut être fort dispendieuse. Le dessin d'un châle comporte l'emploi de plusieurs milliers de cartons. Pour tous ces objets, la jouissance plus ou moins longue du droit exclusif de reproduction du modèle peut seule en couvrir les frais d'établissement. Il ne serait donc ni équitable en principe, ni favorable aux progrès de l'industrie, de ne pas proportionner la durée du privilége aux frais et à l'importance du modèle ou du dessin; et cette considération ne saurait échapper à l'appréciation éclairée des Conseils.

TAXE.

Avant 1789, la formalité du dépôt des dessins était constatée, comme on l'a vu, par un procès-verbal; et une taxe de deux livres, pour tout droit, était imposée au maître ou marchand fabricant qui exigeait la délivrance d'une copie entière dudit procès-verbal.

L'article 19 de la loi de 1806 attribue aux Conseils de prud'hommes le droit de régler l'indemnité à payer par le fabricant entre les mains du receveur de la commune; mais il ajoute que cette taxe ne pourra excéder un franc pour chacune des années de son privilége, et dix francs pour la propriété perpétuelle. L'ordonnance du 17 août 1825, en prescrivant le dépôt au greffe du tribunal de commerce, des dessins des fabriques situées hors du ressort du Conseil des prud'hommes, a ordonné que ce dépôt serait reçu gratui-

6

tement, sauf le droit du greffier pour la délivrance du certificat constatant le dépôt. Cette immunité semble, au premier aperçu, impliquer contradiction avec la disposition de la loi de 1806 qui exige le versement d'une taxe dans la caisse municipale; mais elle s'explique en considérant que si un règlement d'administration publique suffisait pour combler la lacune que présentait la loi précitée, à l'égard du lieu des dépôts, il n'en était pas de même relativement au droit à percevoir par les greffes des tribunaux de commerce auxquels la disposition de la loi de 1806 ne s'appliquait pas, et qui ne pouvaient, dès lors, ni exiger ni recevoir aucune taxe.

La taxe doit-elle être uniforme pour tous les dépôts, ou doit-elle être variable suivant la durée des priviléges? et quelle doit être sa quotité dans l'un ou dans l'autre cas? Ce sont là des questions d'une solution assez difficile.

PUBLICITÉ.

Dans l'état actuel, le dépôt des dessins de fabrique, comme celui des brevets d'invention, se fait sous cachet. C'était, à l'égard des dessins, le vœu de l'arrêt de 1787, qui laissait même l'esquisse entre les mains du fabricant après l'apposition du cachet de la communauté. C'est encore le vœu de la loi du 18 mars 1806, qui exige toutefois le dépôt effectif des échantillons dans les archives du Conseil. Mais, aussitôt après la délivrance du brevet d'invention, les moyens de l'inventeur, ses procédés, ses dessins, ses modèles même, sont immédiatement communiqués à tous ceux qui veulent les consulter, soit au Ministère du commerce, pour les brevets en cours, soit au Conservatoire royal des arts et métiers, pour les brevets expirés ou tombés dans le domaine public.

Le secret est-il rigoureusement nécessaire pour les dessins de fabrique; et y a-t-il, à l'égard du public, une suffisante mise en demeure dans le dépôt, presque toujours ignoré, aux archives d'un Conseil de prud'hommes? La loi ne doit-elle pas faire davantage pour la publicité, afin d'imprimer, d'une manière plus flagrante, le caractère de la fraude à la reproduction de dessins réservés par le dépôt? Ne pourrait-on pas enfin, dans l'intérêt du progrès des arts, prescrire à l'égard de ces dessins, après l'expiration des priviléges obtenus, quelque chose de semblable à ce qui se pratique pour les brevets d'invention expirés, par leur dépôt au Conservatoire royal des arts et métiers, où ils peuvent être librement consultés. La loi de 1806 prescrit, à la vérité, pour la fabrique de Lyon, le dépôt des dessins au Conservatoire des arts et métiers de cette ville; mais cette mesure, toute locale, ne paraît pas répondre suffisamment aux besoins de l'industrie.

CONTREFAÇON.

La propriété des dessins de fabrique étant reconnue et consacrée, toute atteinte portée à cette propriété, par une imitation frauduleuse plus ou moins exacte, constitue une contrefaçon.

L'arrêt de 1787 et la loi du 18 mars 1806 n'ont pas déterminé particulièrement, en matière de dessins, les caractères de la contrefaçon. Le premier de ces actes se bornait à énoncer que *ceux qui feraient lever, copier ou calquer des dessins dont l'esquisse aurait été déposée*, seraient condamnés, etc. La loi de 1806 ne contient aucune disposition sur le même point. Il faut donc, de toute nécessité, s'en rapporter au droit commun pour la détermination des faits qui constituent la contrefaçon.

L'absence de dispositions précises, à cet égard, laissait le champ libre à l'interprétation ; mais la jurisprudence a posé quelques principes qui, jusqu'à ce jour, ont servi de règle. Ainsi la Cour de cassation a jugé, le 17 novembre 1814, que le contre-moulage d'un ouvrage de sculpture constitue le délit de contrefaçon.

Un arrêt de la cour royale de Paris, du 3 décembre 1831, a jugé que la reproduction en bronze d'un sujet puisé dans un tableau ou dans une gravure appartenant à autrui ne constitue pas le délit de contrefaçon.

Un autre arrêt de la même cour, du 6 mars 1834, a décidé que le sujet d'une gravure reproduit en bronze *avec des changements et des modifications* doit être considéré comme une propriété distincte, et que l'imitation de ce sujet constitue le délit de contrefaçon. Un troisième arrêt de la même cour, du 24 mai 1837, a décidé plus largement encore, dans le même sens, que le fabricant qui crée ou reproduit en bronze, marbre ou porcelaine, un objet d'art, et qui en a déposé le dessin au greffe du tribunal de commerce, a le droit exclusif de fabriquer le modèle par lui créé, et peut poursuivre les contrefacteurs.

Enfin il résulte d'un arrêt de la Cour de cassation, du 14 janvier 1828, que, bien que le dessin d'une étoffe ait été déjà dans le commerce, *l'inventeur de ce dessin* n'en conserve pas moins le droit de s'en assurer la jouissance privative, par le dépôt au Conseil des prud'hommes, et peut exercer l'action en contrefaçon.

Ces différents arrêts ne font que signaler quelques-uns des cas particuliers dans lesquels peut se produire le délit de contrefaçon. Mais il en existe une infinité d'autres qui ont donné lieu à contestation, et qui ont suffisamment révélé la nécessité de déterminer avec précision les caractères généraux de la propriété des dessins de fabrique, afin de faire cesser toute indécision relativement à la nature des faits qui constituent le délit de contrefaçon.

POURSUITES. —— COMPÉTENCE.

Aux termes de l'article 15 de la loi du 18 mars 1806, la revendication de la propriété d'un dessin de fabrique est faite *devant le tribunal de commerce;* mais, suivant l'article 425 du Code pénal, l'usurpation *d'un dessin* est une contrefaçon, et toute contrefaçon est un délit.

Il résulte de là que deux voies sont ouvertes pour la poursuite des usurpations en matière de dessins de fabrique : l'action civile à fin de réparation du dommage causé par l'usurpation du dessin, et l'action correctionnelle pour la répression de la contrefaçon. C'est ce qui a été jugé, le 19 février 1835, par la Cour royale de Paris, dans les termes suivants : « Attendu qu'il n'est pas exact de prétendre que « la loi du 18 mars 1806 ait attribué au tribunal de commerce la « connaissance de tout ce qui se rapporte à la contrefaçon des dessins « de fabrique; que, s'il résulte des dispositions de l'article 15, que « le fabricant qui a rempli les formalités du dépôt *a la faculté* de re- « vendiquer la propriété de son dessin devant le tribunal de com- « merce, il ne s'ensuit nullement qu'il lui soit interdit de porter sa « plainte en contrefaçon devant la juridiction correctionnelle, etc. »

Dans le cas de contestation entre deux ou plusieurs fabricants sur la propriété d'un dessin, le Conseil de prud'hommes procède à l'ouverture des dessins déposés, et fournit un certificat indiquant le nom du fabricant qui a la priorité de date.

Si l'affaire ne se concilie pas à la suite de cette déclaration, elle est

portée devant le tribunal de commerce, qui est compétent pour al-
louer les dommages-intérêts.

Si, au lieu de suivre cette voie, le demandeur porte sa plainte
devant le tribunal de police correctionnelle, il peut faire saisir les
objets contrefaits par les juges de paix ou commissaires de police,
conformément à ce qui a été réglé pour les contrefaçons, en matière
d'ouvrages, dessins, etc., par les articles 3 de la loi du 19 juillet 1793,
et 1er de la loi du 25 prairial an III.

On doit même ne pas perdre de vue que si le demandeur, après
avoir porté son action devant le tribunal de commerce, réclamait
la destruction ou la confiscation des objets contrefaits, ce tribunal
cesserait d'être compétent, et l'action devrait être nécessairement
portée devant la juridiction correctionnelle.

Indépendamment de l'action qui peut être exercée directement
par les fabricants contre les contrefacteurs, le ministère public,
chargé de la recherche et de la poursuite de tous les délits dont la
connaissance appartient aux tribunaux correctionnels, peut toujours,
en matière de dessins de fabrique, comme en toute autre, poursuivre,
seul et d'office, la répression des délits de contrefaçon.

Enfin, en ce qui concerne les pénalités, la loi de 1806 n'ayant
pas établi de peines spéciales pour la contrefaçon des dessins de
fabrique, il faut se reporter aux dispositions des articles 427 et 429
du Code pénal, qui prononcent une amende de 100 fr. au moins,
et de 2,000 fr. au plus, sans préjudice de la confiscation des ouvrages contrefaits, et des planches, moules et matrices ayant servi
à la confection de ces ouvrages.

L'affiche ou la publication du jugement peut, d'ailleurs, toujours
être ordonnée en matière de contrefaçon de dessins comme en toute
autre ; mais elle n'est pas d'ordre public comme à l'égard de l'usurpation des marques de coutellerie ou de lisières de draps, et ainsi
les parties peuvent transiger sur ce point.

L'exposé qui précède montre combien la législation relative aux
dessins de fabrique manque d'unité, et est incomplète sous plusieurs
rapports.

Le principe de la propriété des dessins de fabrique est-il assez
nettement posé dans la loi ?

Que doit-on entendre par dessins de fabrique ?

Quelles formalités sont nécessaires pour constater le droit de propriété ?

Ces formalités s'appliqueront-elles à toutes les espèces de dessins de fabrique ?

Quelle doit être la durée de la propriété des dessins de fabrique, et cette durée doit-elle être uniformément la même pour toutes les espèces de dessins ?

Dans le cas du dépôt préalable des dessins, doit-il être imposé une taxe comme en matière de brevets d'invention? Quelle devrait être la quotité de cette taxe ?

Quel doit être le lieu de dépôt des dessins, soit dans la circonscription des Conseils de prud'hommes, soit pour les fabriques situées en dehors de cette circonscription ?

Les dessins déposés doivent-ils être tenus secrets pendant la durée du privilége ?

Quel usage doit-il être fait de ces dessins après l'expiration du privilége du fabricant ?

L'usurpation d'un dessin de fabrique doit-elle constituer une contrefaçon, indépendamment de l'intention frauduleuse ?

Par qui et comment doit être opérée la saisie des objets contrefaits ?

Quels tribunaux doivent connaître des actions en revendication de dessins ?

Quelles pénalités doivent être prononcées contre les infractions ?

Telles sont les questions principales qui se présentent à l'examen des Conseils. Leur expérience ne manquera pas de leur suggérer les nombreuses questions accessoires que soulève cette matière importante, et sur lesquelles le Gouvernement ne doit pas moins désirer de recevoir leurs observations, afin de pouvoir rendre aussi complet que possible le projet à soumettre aux Chambres législatives.

LÉGISLATION ANCIENNE.

LETTRES PATENTES DU 1er OCTOBRE 1737.

Extrait des statuts et règlement pour la communauté des maîtres-marchands et maîtres-ouvriers à façon, en étoffes d'or, d'argent et de soie, laine, poil, fil et coton, de la ville et faubourgs de Lyon; et pour la fabrique desdites étoffes qui se font tant dans ladite ville et faubourgs de Lyon, que dans les provinces de Lyonnais, Forest et Beaujolois.

Du 1er octobre 1737.

. . . .

Art. 134.

Défenses très-expresses sont faites à tous maîtres travaillant à façon de vendre, prêter, remettre, ni de se servir directement ni indirectement des dessins qui leur auront été confiés pour fabriquer, à peine de confiscation des étoffes qui auraient été furtivement fabriquées sur lesdits dessins, et de cinq cents livres d'amende, déchéance de la maîtrise et de punition corporelle.

ARRÊT DU CONSEIL DU 19 JUIN 1744.

EXTRAIT des statuts et règlement pour la communauté des maîtres-marchands et maîtres-ouvriers à façon en étoffes d'or, d'argent et de soie, et autres mêlées de soie, laine, poil, fil et coton, de la ville et faubourgs de Lyon; et pour la fabrique desdites étoffes.

Du 19 juin 1744.

. . . .

TITRE IX.

Art. 12.

Défenses expresses sont faites aux maîtres-ouvriers de vendre, donner ni prêter, pour quelque cause et sous quelque prétexte que ce soit, les dessins qui leur auront été confiés pour fabriquer, à peine de cent livres d'amende et de déchéance de la maîtrise, même de punition corporelle; au payement de laquelle amende lesdits maîtres-ouvriers seront contraints par corps, en vertu du jugement du consulat qui les y aura condamnés.

Art. 13.

Pareilles défenses sont faites à tous dessinateurs et autres personnes quelles qu'elles soient, de lever et copier, faire lever ou copier directement ni indirectement, et en quelque façon que ce puisse être, aucun dessin sur des étoffes tant vieilles que neuves, ni sur les cartes des dessins desdites étoffes, à peine de mille livres d'amende contre le dessinateur qui aurait levé ou copié lesdits dessins, et de pareille amende contre celui qui les aurait fait lever ou copier; et, en outre, de confiscation des étoffes fabriquées sur des dessins levés ou copiés : ladite confiscation applicable moitié au profit de ladite communauté, et moitié au profit du maître-marchand dont les dessins auraient été levés ou copiés.

Art. 14.

Les ouvrages faits à la marche avec une chaîne vulgairement appelée *poil* seront censés dessins, et, en conséquence, compris dans les défenses portées par les deux articles précédents, comme ceux qui se font à la tire et au bouton.

ARRÉT DU CONSEIL D'ÉTAT DU ROI,

DU 14 JUILLET 1787,

Portant règlement pour les nouveaux dessins que les fabricants d'étoffes de soieries et de dorure du royaume auront composés ou fait composer.

(Extrait des registres du Conseil d'État.)

Le Roi s'étant fait représenter, en son Conseil, les requêtes et mémoires des corps et communautés des fabricants de Tours et de Lyon, sur les atteintes portées à leurs propriétés et à l'intérêt général des manufactures par la copie et contrefaction des dessins, Sa Majesté aurait reconnu que la supériorité qu'ont acquise les manufactures de soieries de son royaume, est principalement due à l'invention, la correction et le bon goût des dessins; que l'émulation qui anime les fabricants et dessinateurs s'anéantirait s'ils n'étaient assurés de recueillir les fruits de leurs travaux; que cette certitude, d'accord avec les droits de la propriété, a maintenu jusqu'à présent ce genre de fabrication et lui a mérité la préférence dans les pays étrangers : elle aurait, en conséquence, jugé nécessaire, pour lui conserver tous ses avantages, d'étendre aux autres manufactures de soieries de son royaume les règlements faits en 1737 et 1744, pour celle de Lyon, sur la copie et contrefaction des dessins, et en donnant aux véritables inventeurs la faculté de constater à l'avenir, d'une manière sûre et invariable, leur propriété, et exciter de plus en plus les talents par une jouissance exclusive proportionnée, dans sa durée, aux frais et mérite de l'invention. A quoi voulant pourvoir : vu l'avis des députés du commerce : ouï le rapport du sieur Laurent de Villedeuil, conseiller ordinaire au Conseil royal des finances et du commerce, contrôleur général des finances, le Roi, étant en son Conseil, a ordonné et ordonne ce qui suit :

ARTICLE PREMIER.

Les fabricants qui auront composé ou fait composer de nouveaux dessins, auront seuls, exclusivement à tous autres, le droit de les faire exécuter en étoffe de soie, soie et dorures, ou mélangées de soie ; la durée de ce privilége sera de quinze années pour les étoffes destinées aux ameublements et ornements d'église, et de six pour celles brochées et façonnées servant à l'habillement ou autre usage, le tout à compter du jour auquel ils auront rempli les formalités ci-après prescrites.

Art. 2.

Fait Sa Majesté défenses à tous ouvriers de vendre, donner ni prêter, pour quelque cause et sous quelque prétexte que ce soit, les dessins qui leur auront été confiés pour fabriquer, à peine de 100 livres d'amende, de déchéance de la maîtrise, s'il y écheoit, même de punition corporelle; au payement de laquelle amende ils seront contraints par corps, en vertu du jugement des juges auxquels est attribuée, par les règlements, la police et la connaissance des causes des manufactures.

Art. 3.

Défend également Sa Majesté, à tous dessinateurs et autres personnes quelles qu'elles soient, de lever et copier, faire lever et copier, directement ou indirectement, et en quelque façon que ce puisse être, aucun dessin sur des étoffes, tant vieilles que neuves, ni sur les cartes des dessins desdites étoffes, à peine de 1,000 livres d'amende contre le dessinateur qui aurait levé ou copié lesdits dessins, et de pareille amende contre celui qui les lui aurait fait lever ou copier, et en outre de confiscation des étoffes fabriquées sur des dessins levés ou copiés, ladite confiscation applicable, moitié au profit de la communauté dont sera membre le fabricant dont le dessin aura été levé ou copié, et moitié au profit dudit fabricant ou marchand.

Art. 4.

Les ouvrages faits à la marche avec une chaîne vulgairement appelée *poil,* seront censés dessins, et en conséquence compris dans les défenses portées dans les deux articles précédents, comme ceux qui se font à la tire et au bouton.

Art. 5.

Les fabricants qui auront inventé ou fait faire un dessin, et qui désireront s'en conserver l'exécution, seront tenus, pour les dessins nouveaux qui seront faits, à compter du jour de la publication du présent arrêt, d'en présenter l'esquisse originale ou un échantillon, à leur choix, au bureau de leur communauté, dont sera dressé procès-verbal de description, sans frais, par les syndics-jurés-gardes en exercice, sur un registre tenu à cet effet et paraphé par eux ou par le syndic et garde de semestre, lequel procès-verbal contiendra les nom, raison et demeure du maître et marchand fabricant qui voudra, comme auteur et inventeur desdits dessins ou étoffe, faire constater sa propriété, la date de l'année, du mois et du jour à laquelle il aura présenté son dessin ou l'échantillon. Tous les procès-verbaux seront de suite et sans blanc ; le numéro sera mis en marge de l'acte qui sera dressé sur le registre ; le cachet de la communauté et celui du propriétaire seront apposés, à l'instant de la rédaction, sur l'esquisse du dessin ou sur l'échantillon, lequel restera entre les mains du propriétaire, et sur ce carré sera fait mention du procès-verbal par extrait et de son numéro, certifiés par le syndic de semestre, pour y avoir recours au besoin. Sera libre le maître et marchand fabricant de se faire délivrer copie en entier du procès-verbal, en payant 2 livres pour tous droits.

Art. 6.

Faute par les fabricants d'avoir rempli les formalités prescrites par l'article précédent, avant la mise en vente des étoffes fabriquées suivant de nouveaux dessins, ils seront et demeureront déchus de toutes réclamations.

Art. 7.

Les fabricants qui auront rempli les formalités prescrites par l'article 5 seront censés propriétaires uniques des dessins qu'ils auront présentés au bureau de leur communauté. En conséquence, il leur sera libre de poursuivre devant les juges de la police des arts et métiers du domicile des contrevenants, tant sur ceux qui feraient lever, copier ou calquer les mêmes dessins, que ceux qui les feraient exécuter ; de requérir contre eux la prononciation des peines portées par les articles 2, 3 et 4 ci-dessus, et la confiscation des étoffes tant sur le fabricant qui le ferait exécuter que sur tout marchand qui les exposerait en vente, sauf le recours des marchands, pour la valeur des marchandises et dommages-intérêts qui pourraient leur être dus, contre le fabricant qui aurait vendu les étoffes fabriquées sur dessins levés, copiés ou calqués.

Art. 8.

Défend Sa Majesté à tout fabricant de faire exécuter en étoffe de soie, en étoffe de soie et dorure, ou en étoffe mélangée de soie, aucun dessin exécuté en papier peint ou autrement, sans s'être assuré si le dessin exécuté en papier ne l'a pas déjà été en étoffe. En conséquence, le fabricant qui exécuterait en étoffe un dessin de papier déjà imité d'après l'étoffe sera contrevenant à l'article 3, et encourra les peines y portées.

Art. 9.

Enjoint Sa Majesté au sieur lieutenant de police de la ville de Paris, aux sieurs intendants et commissaires départis dans les différentes généralités, ainsi qu'aux sieurs prévôt des marchands et échevins de la ville de Lyon, lieutenant de police, juges des manufactures de Tours et autres, aux gardes, syndics et adjoints des communautés, et à tous qu'il appartiendra, de tenir la main, chacun en droit soi, à l'exécution du présent arrêt, sur lequel toutes lettres nécessaires seront expédiées, et qui sera imprimé, lu, publié et affiché partout où besoin sera.

Fait au Conseil d'État du Roi, Sa Majesté y étant, tenu à Versailles le quatorze juillet mil sept cent quatre-vingt-sept.

Signé : Le Baron DE BRETEUIL.

LÉGISLATION NOUVELLE.

EXTRAIT DE LA LOI DU 18 MARS 1806,

Portant établissement d'un Conseil de prud'hommes à Lyon.

. . . .

SECTION III.

De la conservation de la propriété des dessins.

Art. 14.

Le Conseil de prud'hommes est chargé des mesures conservatrices de la propriété des dessins.

Art. 15.

Tout fabricant qui voudra pouvoir revendiquer, par la suite, devant le tribunal de commerce, la propriété d'un dessin de son invention, sera tenu d'en déposer aux archives du Conseil de prud'hommes un échantillon plié sous enveloppe revêtue de ses cachet et signature, sur laquelle sera également apposé le cachet du Conseil de prud'hommes.

Art. 16.

Les dépôts de dessins seront inscrits sur un registre tenu *ad hoc* par le Conseil de prud'hommes, lequel délivrera aux fabricants un certificat rappelant le numéro d'ordre du paquet déposé, et constatant la date du dépôt.

Art. 17.

En cas de contestation, entre deux ou plusieurs fabricants, sur la propriété d'un dessin, le Conseil de prud'hommes procédera à l'ouverture des paquets qui auront été déposés par les parties; il fournira un certificat indiquant le nom du fabricant qui aura la priorité de date.

Art. 18.

En déposant son échantillon, le fabricant déclarera s'il entend se réserver la propriété exclusive pendant une, trois ou cinq années, ou à perpétuité. Il sera tenu note de cette déclaration.

A l'expiration du délai fixé par ladite déclaration, si la réserve est temporaire, tout paquet d'échantillons déposé sous cachet dans les archives du Conseil devra être transmis au Conservatoire des arts de la ville de Lyon, et les échantillons y contenus être joints à la collection du Conservatoire.

Art. 19.

En déposant son échantillon, le fabricant acquittera, entre les mains du receveur de la commune, une indemnité qui sera réglée par le Conseil de prud'hommes, et ne pourra excéder un franc pour chacune des années pendant lesquelles il voudra conserver la propriété exclusive de son dessin, et sera de dix francs pour la propriété perpétuelle.

ORDONNANCE DU ROI DU 17 AOUT 1825,

Qui, sur la réclamation des manufacturiers dont les fabriques sont situées hors du ressort d'un Conseil de prud'hommes, fixe le lieu de dépôt légal des dessins de leur invention.

CHARLES, par la grâce de Dieu, etc.

Sur le rapport de notre ministre secrétaire d'État au département de l'intérieur;

Sur le compte qui nous a été rendu des réclamations élevées par plusieurs manufacturiers, dont les fabriques sont situées hors du ressort d'un Conseil de prud'hommes, pour qu'il leur fût indiqué un lieu de dépôt légal des dessins de leur invention, afin d'avoir la faculté d'en revendiquer la propriété devant le tribunal de commerce;

Vu la loi du 18 mars 1806, titre II, section III,

La loi du 12 avril 1803 (22 germinal an XI), article 18;

Notre Conseil d'État entendu;

Nous avons ordonné et ordonnons ce qui suit :

ARTICLE PREMIER.

Le dépôt des échantillons de dessins, qui doit être fait, conformément à l'article 15 de la loi du 18 mars 1806, aux archives des Conseils de prud'hommes, pour les fabriques situées dans le ressort de ces conseils, sera reçu, pour toutes les fabriques situées hors du ressort d'un Conseil de prud'hommes, au greffe du Tribunal de commerce, ou au greffe du Tribunal de première instance, dans les arrondissements où les Tribunaux civils exerceront la juridiction des tribunaux de commerce.

ART. 2.

Ce dépôt se fera dans les formes prescrites pour le même dépôt aux archives des Conseils de prud'hommes par les articles 15, 16 et 18, section III, titre II de la loi du 18 mars 1806.

Il sera reçu gratuitement, sauf le droit du greffier pour la délivrance du certificat constatant ledit dépôt.

ART. 3.

Notre garde des sceaux, ministre de la justice, et notre ministre de l'intérieur sont chargés, etc.

EXTRAIT DU CODE PÉNAL.

Art. 425.

Toute édition d'écrits, de composition musicale, de dessin, de peinture ou de toute autre production, imprimée ou gravée en entier ou en partie, au mépris des lois et règlements relatifs à la propriété des auteurs, est une contrefaçon, et toute contrefaçon est un délit.

Art. 426.

Le débit d'ouvrages contrefaits, l'introduction sur le territoire français d'ouvrages qui, après avoir été imprimés en France, ont été contrefaits chez l'étranger, sont un délit de la même espèce.

. . . .

Art. 429.

Dans les cas prévus par les articles précédents, le produit des confiscations, ou les recettes confisquées, seront remis au propriétaire pour l'indemniser d'autant du préjudice qu'il aura souffert; le surplus de son indemnité, ou l'entière indemnité, s'il n'y a eu ni vente d'objets confisqués, ni saisie de recettes, sera réglé par les voies ordinaires.